Gedichte aus Prairies of Possibilities:
deutsch und englisch

Herrmanns bekannteste Schreiben sind:
Herrmann's best known works are:

A History of the Bahá'í Community of Samarkand
*By Thy Strengthening Grace: a history of the first one
    hundred years of the Bahá'í Faith in Topeka
    Kansas, 1906-2006*
Early Bahá'ís of Enterprise
Fasting: A Bahá'í Handbook
Houses as Perfect as is Possible
Ichnographical: 173
Prairies of Possibilities: New and Selected Poems
Praise the King of Glory
Nazi Destruction of the German Bahá'í Community

Allen gewidmet, die vorausgegangen sind und die daran arbeiteten, eine Zivilisation aufzubauen, die immer mehr vom Geistigen geprägt wird.

Dedicated to all those who have gone before who worked to build an ever more spiritual civilization.

Gedichte aus
Prairies of Possibilities:
Deutsch und Englisch

Duane L. Herrmann

©2019 / 176   Duane L. Herrmann
ISBN: 978-1-879448-21-6

Buchumschlaghilfe – Carol Yoho
Book cover assistance – Carol Yoho

Buffalo Press
Topeka, Kansas, USA

INHALT
CONTENTS

Forward:

Poems in this collection come from *Prairies of Possibilities*, first published in 2005. Some of the poems in this collection were read in Reckendorf, Haus der Kulture, in June that year. Some had been translated and requests were made for the rest of the collection to be translated. This collection is progress to that end. The poems here were translated by the kind and generous efforts of Elsabeth Sutter, Erika Witt and Linde Troutman, and assistance of Janet Rawling-Keitel.

Thank you,
Duane L. Herrmann

Vorwort:

Die Gedichte dieser Sammlung entstammen dem
Buch *Prairies of Possibilities,* das erstmals 2005
veröffentlicht wurde. Einige dieser Gedichte wurde
schon im Juni jenes Jahres in Reckendorf, im Haus der
Kultur vorgetragen. Davon waren einige bereits ins
Deutsche übersetzt und es bestand der Wunsch nach eine
Übersetzung der gesamten Sammlung. Diese nun
vorliegende Sammlung ist ein erster Schritt in diese
Richtung. Mein besonderer Dank gilt den
Übersetzerinnen Elizabeth Sutter, Erika Witt und Linde
Troutner für ihren großzügigen und liebenswürdigen
Einsatz, und Unterstützung von Janet Rawling-Keitel.

Vielen Dank,
Duane L. Herrmann

GEDICHTE

PRAIRIE HAWK

Over the fields and prairie
  creeks and tree lines
endless miles
  of countryside,
I survey my domain
  All MINE! All MINE!
The wind past my eyes
  lifts me up or down.
A sound carried
  on the wind
and I know
  food is near.
I see motion
  and swoop down,
the meal...
  will be mine.

AH!
  Life is good!

GRASLAND FALKE

Über die Felder und die Prairie,
   Bachläufe und Baumreihen
Endlose Ferne,
   Landschaft,
Ich überblicke meine Domäne,
   Alles Mein! Alles Mein!
Der Wind über meinen augen
   hebt mich nach oben oder unten.
Er bringt mir ein Rascheln
   und ich weiß
daß Nahrung
   nahe ist.
Ich sehe Bewegung
   und stürze im Flug,
die Mahlzeit…
   ist mein!

AH!
   das Leben ist gut!!

MAKING HAY

Mornings when the dew had dried
  Granpa mowed the prairie meadow
  going round and round and round,
    outside to center.

Early after lunch the boy would rake
  the now dry hay
  once around for Granpa's twice,
    outside to center.

Fluffed up windrows snaked along
  from sheets of new cut grass
  raking opposite the cutting,
    outside to center.

Once done, the hay was raked again
  merging two windrows to one,
  drying all sides of the grass,
    outside to center.

Father ran the baler, especially –
  if the knotter had a temper,
  following the windrow
    outside to center.

MACHEN HEU

Morgans, als der Tau getrocknet
  Großvater gemäht das Wiedeland
  gehen rund und rund und rund hatte,
    von außen sich drehen um.

Früh nach dem Mittagessen, der Junge
  jetzt trockenes Heu Harken eins
  herum für Großvater zweimal wurde,
    von außen sich drehen um.

Flauschig herauf die Schwaden Kurbeln
  Blätter des neuen Schnittes grass
  harken gegenüber von dem Ausschnitt,
    von außen sich drehen um.

Das Heu getan wurde, harken zweimal
  wzwei Schwaden bis einen geharkt
  alle Seiten des Grases austrocknen,
    von außen sich drehen um.

Vater, laufen ließ den Bürgen, besonders –
  das knoten machen mäßigen hatte
  folgen den Schwaden
    von außen sich drehen um.

FAMILY PLOWING

I plow the paper with a pen
engaged as the family has been
in cultivation: sowing and reaping.

I plow the paper with a pen,
in a solitary field –
it always has been.

My father was a farmer,
his father, and his before him;
we are plowmen in our rows.

I plow the paper with a pen –
rows of words across the space
in neat and even lines.

Though plowing is the family business,
my "machineries" now differ
for a different kind of crop.

But the plowing is the same:
long straight lines
across unmarked fields.

FAMILIE PFLÜGEN

Ich Pflug das papier mit Federhalter
die Familie in Bearbeitung hat:
säen und erntenBeschäftigung

Ich Pflug das Papier mit Federhalter
in ein alleines Feld –
it hat immer.

Meine vater war ein Landwirt,
sein Fater,und seins, bevor ihm;
wir sind Plfugmann in unserem rudermen.

Ich Pflug das Papier mit Federhalter
rudernen von Wörtern über dem Raum
das ordentlich ist und sogar pflügendes.

ist das Familie Geshäft,
meine Landmaschinen jetzt anders sein
für eine andere Art Feldfrucht.

Aber, welches das Pflügen die gleiche
lang geraden auskleiden
felden hinübergehen.

KANSAS NACHTLIED, GOETHE

There is a stillness
  over the hills and fields
meadows lie baking
   in the heat.

There is no breath.

Birds are silent and the weeds
  grow lank and seed.

Wait!

The heat will feel you too.

14

KANSAS NACHTLIED, GOETHE

Ein stillstehen
  über die Hügel und Felden;
Wiesen Backen Lüge
    in des Hitzewelle.

Kein Atem.

Fliegen sind leise und Unkraut
  werden und Samen bliden.

Halt!

Hitze glauben Ihnen auch.

SUMMER WETTING

The heat had been forever:
  constant oven-wind,
    shriveled leaves and trees.
Cemented soil cracked
  in canyons reaching deep
    into the tortured earth.
No rain for more than weeks;
  moisture only dimly
    a faint and fragrant memory.
Suddenly from far away
  echoed muffled rumblings,
    and low dark clouds.
Salvation seemed too true
  to suspend parched lips
    or slack dry skin.
Eyes watched with hope and wonder
  as clouds relieved the sky
    from the searing sun.
A miraculous wall of wet
  advanced across the fields
    and, suddenly, was here.
God was good again.
  Steady showering filled
    pores and cracks and leaves.
The crops and life and animals
  were saved. The family
    would survive another year.

SOMMER NAß MACHEN

Hitze für immer war:
  ofen-wind beständing
    Blätter gewesen verschrumpeln und Baumen.
Zement Boden gesprungen
  in Schluchten, die tief
    ins der gequälte erde.
Kein Regen für mehr als woche;
  Feuchtigkeit nur dämpfen
    schwaches und wohlriechends Erinnerung.
Auf einmal von weit erreichen,
  zurückwerfen gedämpfte Grollen,
    und das niedrige Dunkelheit Wolke.
Rettung auch wahr scheinen
  den gerösteten Lippen verschieben
    oder trockenes Haut erleichtern.
Augen aufgepaßt mit Hoffnung schien und wunder
  Wolken Weile entlasteten das Himmel
    nach das Sonne werwelkende.
Wundersame Wand von über dem Felden
  waren hier Förtschritt
    Plötzlich!
Gott waren wieder gute.
  Haut und Sprünge und Blatten
    duschen weichen.
Die Getreide und das Leben und das Tieren
speicherten sein. Das familie
  überleben ein anderes Jahr.

FAMILY HOUSE

I sought refuge
  in the family house:
walls of stone and love.

Windows rattle
  by blasts of wind,
but I was safe within.

I grew up
  but never away
from the house and farm.

Caring hands
  and listening eyes
Welcome me back home.

FAMILIENHAUS

Ich suchte Schutz
   im Familienhaus:
Mauern aus Stein und Liebe.

Die Fenster ratteln
   von Windstössen.
Inhaber war geschützt innen drin.

Ich war aufgewachsen
   aber niemals davon weg
von dem Haus und der Farm.

Sorgliche Hände
   und aufmerksame Augen
willkommen mich zurück nach Hause.

LITTLE SISTER LOST

The little boy and girl
  had gone to play
    in grass as tall as they,
valiantly
  they pushed down grass
    to make halls and rooms:
living room, kitchen,
  bedrooms, too;
    with halls between.
Dinner was eaten
  and babies
    put down to nap,
suddenly
  little sister was gone:
    vanished!
The boy panicked:
  where could she be?
    Just disappeared!
Momma was calm,
  unworried,
    they began to search.
Calling her name
  woke her up
    rubbing sleep
from her eyes
  where she had napped
    with her baby doll.

VERLORENE KLEINE SCHWESTER

Der kleine Junge und Mädchen
  gingen zum Spielen
    im Graß, das so hoch war wie sie,
tapfer
  drückten sie das graß nieder
    und machten Gänge und Räume:
Wohnzimmer, Küche,
  ach Schlafzimmer;
    mit Gängen dazwischen.
Mittagessen wurde gegeßen
  und babies
    schlafen gelegt.
Plötzlich
  Schwesterchen war weg:
    verschwunden!
Der junge war entsetzt:
  wo kann sie sein?
    Einfach verschwunden!!
Momma war ruhig,
  unbesorgt,
    fingen sie an zu suchen.
Das Rufen ihres Names
  weckte sie auf
    Schlaf von den Augen
reibend
  wo sie ein Schäfchen machte
    mit ihrer Baby Puppe.

PIGS IN A BLANKET

Not a blanket, actually,
  but a towel, or several.
We wrapped the pigs in them
  to conserve their warmth.
They were tiny, born too early,
  and could easily die.
the mother, with her bulk,
  four – five hundred pounds,
could easily curst them
  and not even notice:
they were so tiny,
  she was so huge.
And the barn was cold, so cold,
  and freezing wind blew through,
they could not live there
  and would surely die,
so we wrapped them snug
  and put them on the open oven door.

SCHWEINE IN EINER DECKE

Nicht eine Decke, eigentlich,
  jedoch ein Handtuch, oder mehrere.
Wir wickelten die Schweine in sie
  um ihre Wärme zu erhalten.
Sie waren winzig, zu früh geboren,
  und könnten leicht sterben.
Die Mutter, mit ihrer Masse,
  vier – fünf hundert Pfund,
könnte sie leicht zerquetschen
  und das ohne Bewußtsein:
sie waren so Winzig,
  sie war so gewaltig.
Und die Schüne war kalt, so kalt,
  und eisiger Wind bliess hindurch,
soe konnten dort nicht leben,
  und würden bestimmt sterben,
so wickelten wir sie eng
  und legten sie auf die offene Ofen Tür.

THE PLASTIC SNAKE IS DEAD

Placed on boards in the rafters
   the plastic snake
was warning to birds:
   "Do not nest here
this place not safe –
   here is snake!"

One bird believed too well
   and attacked.
The snake did not fare well,
   torn in half,
pecked to pieces,
   it ended on the ground.
Such ferocity and courage
   amazed the humans
who did not attempt to tamper
   with instincts of the brave.

A different solution
   will be tried next year.

DIE PLASTISCHE SCHLANGE IST TOT

Gelegt auf Brettern unter dem Dach
  die plastische Schlange
war ein Warnzeichen für die Vögel:
  "Nestet hier nicht
dieser Ort nicht sicher –
  heir ist Schlange!"

Ein Vogel fand es zu glaubhaft
  und griff an.
Der Schlange erging es nicht gut,
  zerrißen in Zwei,
zerhackt in Stücke,
  endete sie auf dem Boden.
Solche Zerstörung und Tapferkeit
  erstaunt die Menschen
die nicht versuchten, mit dem Instinkt
  des Kühnen zu pfuschen.

Eine andere Lösung
  wird nächstes Jahr versucht.

TRAVELING

Going out to the woods
    with a book,
  sitting on a hill
    with trees for company:
    there is no greater bliss.

The wind moves gently
    across the page,
  birds proclaim their joy
    and shade dabbles
    space around my feet.

I am alone in time
    and eternity,
  with a book I step
    out of my life and place,
    and into another.

WANDERN GEHEN

Raus in den Wald gehen
    mit einem Buch,
auf einen Hügel sitzen
    mit Bäumen zur Gesellschaft:
da ist keine grössere Seligkeit.

Der Wind bewegt sich sanft
    über die Buchseite,
Vögel verkünden ihre Freude
    und der Schtten spielt
Lücken über meine Füsse.

Ich ben alleine in Zeit
    und Ewigkeit,
mit einem Buch springe ich
    aus meinen Leben und meinem Platz,
Woanders hin.

WEDDING DANCE

A wedding
   on a hill
   on the rolling prairie
   on the first day of the year;

A new year
   and new life
   together.

Rising sun
   and gentle rain
   will bless our way
as we face this union
   of hearts
   and minds
   and souls.

We greet this day
   and year
   and life
   with hearts full
     and brimming –

Love floweth over
     and joy,
     and joy,
     and joy...

HOCHZEITSTANZ

Eine Hochzeit
   auf einem Berg
   auf der dahinvollenden Prärie
   am ersten Tag das Jahres;

Ein Neues Jahr
   und ein neues Leben
   zusammen.

Sonnenaufgang
   und sanfter Regen
   will unseren Weg segnen
als wir dieser Ehe entgegen sehen
   mit Herzen
   und Gesinnung
   und Seelen.

Wir grüssen diesen Tag
   und Jahr
   und Leben
   mit Herzen voll
    und übervoll –

Liebe fließt über
   und Freude
   und Freude
   und Freude…

FAMILY MAN

Sitting on the front porch
  proud:
Andreas und Frau
  und Kind – Carl,
on a homestead claim
  in Amerika land:

Ein Mann,
  mit Haus, und Frau und Sohn.

Behind the family group,
  a blanket made
with skills from "the old country"
  where a man could not
make himself new
  if need be.

Here was success
  "American Style,"
and proud of it
  in 1898!

FAMILIENMANN

Sitzend unterm Vorbau
  stolz
Andreas und Frau
  und Kind – Carl,
auf dem Gehöhoft
  in Land Amerika:

Ein Mann,
  mit Haus, und Frau und Sohn.

Hinter der Familiengruppe
  eine webdecke aufgehängt
Handwerkskunst "von alten Land"
  wo ein Mann sich nicht
new ershaffen konnte,
  wenn die Not es gebot

Heir Erfolg auf
  "Amerikanische Art,"
und stolz darauf
  in 1898!

MOTHER TONGUE

The grown man,
  with no recollection
    of the foreign words,
is, nevertheless stirred
  deed, deep within
    in his sacred place.
The sounds and syllables
  comfort him
    and caress his soul.
Where does this comfort, assurance,
  and familiarity,
    come?
The man is mystified,
  where is the connection?
    The sounds are so true.
Yet, no one speaks these words.
  finally he remembers
    the great grandfather.
Though he died long ago,
  when the man was little,
    not yet five,
the first of his generation
  and, being male.
    would carry the name;
He was special to the old man
  who had left his home and family
    to save the name.

>

MUTTER SPRACHE

Der erwaschsene Mann,
  mit keiner Erinnerung
    an die fremden Wörter,
ist dennoch gerührt
  tief, tief
    in seinem Innern, dem heiligen Ort.
Die Klänge und Silben
  trösten ihn
    unb liebkosen seine Seele.
Wo kommen dieser Trost, Sicherheit,
  und Vertrautheit
    her?
Der Mann steht vor einem Rätsel,
  wo ist die Verbindung?
    Die Töne sind so echt.
Doch spricht niemand diese Worte.
  Schließlich erinnert er sich an
    en Urgroßvater.
Der war vor langer Zeit verstorben,
  als der Mann noch klein war,
    noch night fünf Jahre alt.
Der Erste seiner Generation
  und männlichen Geschlechts dazu,
    würde er den Namen der Familie tragen;
Er bedeutete dem alten Mann bezonders viel,
  ihm der sein Haus und Familie verlassen hatte,
    um den Familiennamen zu retten.

>

"Where's my boy?!"
  he would demand.
    The boy would run and love him.
The boy tamed him
  for he was tough;
    immigrant on his own,
He made his way, and succeeded
  far from all he knew
    and loved.
He did not tame easily,
  stubborn as the mules he drove
    and cussed in German,
causing sounds to ring
  across the Kansas fields
    (his temper was renowned).
He cussed his son
  and others,
    and drove the next away,
But he did not cuss this boy,
  with this boy he was tender,
    age too, had softened him.
He would speak softly to the boy,
  and what better words
    than his mother tongue?
Sprichst due Deutsch, mein Enkelkind?
  Ich lerne es,
    Urgroßvater, mein.

"Wo ist mein Junge?!"
  wurde er fordern.
    Der Junge würde zu ihm laufen und ihn herzen.
Die Junge zähmte ihn,
  denn der Mann war hart;
    Ausländer, auf sich gestellt,
Hatte er seinen Weg gefunden, war zu Erfolg
gekommen
  weit weg von allem, das er kannte
    und liebte.
Er war nicht leicht bezähmbar,
  widerspenstig wie die Maultiere, die er antrieb
    mit deutschen Flüchen,
Dass man es weit über die Felder von Kansas
hörte
    (sein Temperament war weit bekannt).
Er verfluchte seinen Sohn
  und sndere,
    und verjagte, die ihm am nächsten waren
Aber diesen Jungen verfluchte er nicht,
  mit diesem Jungen war er zart.
    Das Alter auch, hatt ihn weicher gemacht.
Er würde sanft sprechen mit dem Jungen,
  und, wie hätte er es besser gekonnt –
    als in den Worten seiner Mutter Sprache?
Sprichst du Deutsch, mein Enkelkind?
  Ich lerne es,
    Urgroßvater, mein.

HOME TO BAYERN

My grandfather
  never missed
    the hills of Franken,
He never walked the streets
  of Reckendorf
    his family "hometown."
He would have been amazed
  to see the things
    his father took for granted.
He did not learn
  "Gruess Gott,"
    as the common greeting,
Nor did he plow
  the family fields
    of Bayern.
He lived
  a continent away
    and never knew his family.
A grandson went
  a century after,
    to find the home and people;
His heart leapt
  and wept for joy
    in reunion.
Deutscher und Amerikaner:
  alles ein Familia –
    It's been so long...

HEIM NACH BAYERN

Meine Großvater
  vermisste nie
    die Hügel von franken,
Er ging nie mehr durch die Straßen
  von Reckendorf, dem Herkunftsort
    seiner Familie.
Er hätte gestaunt
  über die Dinge
    die seinem Vater not selbstverständlich
gewesen waren.
Er hatte nicht gelernt
  "Grueß Gott,"
    den allgemeinen Gruß zu sagen,
Den Pflug nie über
  seiner Familie Felder geführt
    in Bayern.
Er wohnt
  einen Kontinent entfernt
    und hatte seine Familie nie gekannt.
Ein Enkel ging da
  ein Jahrhundert später,
    sein Haus und Familie zu finden,
Sein Herz hüpfte
  der Wiedervereinigung.
Deutscher und Amerikaner:
  alles eine Familie –
    er war so lange her...

IN FRANKEN

The little shrine by the way
    with a history no one knows –
"It's been there forever,"
    like the mountains.
The land is dotted
    with these little shrines,
markers of devotion
    and symbols of the faith.
They add a richness to the land,
    a reminder to us now:
this land you see
    is more than dirt and trees,
it holds the souls
    past more than we can know;
people lived and died and prayed
    as some day you will too:
continue on your way –
    beyond this mortal life.

IN FRANKEN

Der Kleine Schrein am Weg
    dessen Geschichte keiner kennt –
"Er war schon immer hier,"
    wie die Berge.
Das Land ist übersäht
    mit diesen kleinen Schreinen,
Marksteine der Andacht
    und Symbole des Glaubens.
Sie bereichern die Landschaft,
    zum Mahnmal uns heutigen:
dieses Land voer deinen Augen
    ist mehr als Erde und Blüme,
es enthält Seelen gut
    viel mehr, als wir verstehn.
Leute lebten und starben und beteten,
    gleich wie eines Tages auch Du:
wirst weitesgehen auf deinem Weg
    ins Jenseits – fern von diesem Leben.

DESTINY

The father bid farewell
  knowing he would never see
    his namesake son again
and died of a broken heart.

To save him
  he had to send him
    to a foreign land
    forever.

If not,
  the new Kaiser's army
    would take him
    and destroy him.

Each would never see the other again.

In the foreign land,
  far, far away,
    the boy and family grew;

Thriving, generations later,
  because of the pain
  and sacrifice
    of one father and son.

>

SCHICKSAL

Der Vater gebot Lebewohl
  wissend, dass er ihn nie mehr sehen würde,
    den Namensträger, seinene Sohn.
Und er starb angebrochenem Herzen.

Ihn zu retten,
  hatte er ihn wegschicken müssen,
    in ein fremdes Land,
      für immer.

Andernfalls
  hätte ihn neuen Kaisers Armee
    genommen,
    und zerstört.

Nie mehr würden sie einander wieder sehn.

Im fremden Land,
  weit, weit weg, gedeihten sie,
    der Junge und seine Familie;

Wohlbestellt, noch Generationen später,
  dank dem Schmerz,
    dem Opfer
    von einem Vater und seinem Sohn.

>

Back at home
  the family died
    due to one war or another.

I cannot give sufficient thanks
  to Andreas, the elder,
  and Andres, his son:
    Urgroßvater Mein.

In der Heimat
  die Familie Starb aus
    im einen oder andern Krieg.

Ich kan nicht genug des Dankes sagen,
  Andreas, dem Ältern,
  und Andreas, seinem Sohn:
    Urgroßvater Mein.

CONNECTIONS

Decisions of one generation
   change the course of lives
and sets the future different
   than it might have been.
By such decisions
   we are all connected,
entwined through centuries
   decisions cascading over lives;
generation to generation
   without end.
We can never know
   what impact will result
of a decision now.
   this is our turn.
The mystery of connection
   links us all together
as our lives
   weave their way through time.

VERKNÜPFUNGEN

Entscheide einer (einzigen) generation
   verändern den Kurs manchen Lebens
und lenken die zukunft
   in neue richtungen.
Durch solches Entscheiden
   wind wir miteinander vergunden
über die Jahrhunderte such übersrollend.
   Entscheide über Leben,
von Generatioin zu Generation,
   ohne Ende.
Nie Wißend
   was die Auswirkung, das Resultat
einer wahl,
   jetzt da die Reihe an uns its.
Das Geheimnis der Verknüpfung,
   das uns alle zusammen verbindet,
wo wir unsere Leben verweben
   durch den Ablauf der Zeit.

HERE AND –

Children come
  and go,
older people
  leave
and life goes on
  despite
whatever you
  do
and all too soon
  it is time
for you
  to move on too
as your place
  is taken
by others
  who build
their own lives
  on yours.

HEIR UND –

Kinder kommen
  und gehen,
Ältere Leute
  gehen weg
und das Leben setzt sich fort
  ungeachtet
was Du
  tust
und allzu bald
  ist es Zeit
für Dich
  auch fortzuschreiten
weil Dein Platz
  genommen worden ist
bei Anderen
  die aufgerichted haben
 ihre eigenen Leben
  auf das Deine.

SEA OF DEEDS

On the Sea of Deeds
    our lives sail slowly,
one difficulty at a time
    as we define
who we are
    by what we do.

"Let deeds, not words
    be thine adorning,"
for our deeds
    transform our souls.

They are the fruit
    of our lives
and evidence
    of faith.

Deeds transform us
    from who we are,
to the soul
    we can become.

DAS MEER VON TATEN

Auf dem Meer von Taten
    unsere Leben segeln Langsam,
eine Schwierigkeit zu seiner Zeit
    wie wir bewerten
wer wir sind
    bie was wir tun.

"Laßt Taten, nicht Worte
    euer Schmuck sein,"
        denn euere Taten
    verwandeln euere Seelen.

Sie sind die Fruechte
    Eueres Lebens
und Beweise
    von Glauben.

Taten verwandeln uns
    won wer wir sind,
zu der Seele
    die wir werden können.

SUCCESS

You should have children.
Why?
Because it's fun for the children.

The innocent reply
was music
to the father's ears
who had wished,
as a child,
to have never been a child.

He knew
he had succeeded
in transforming his pain
into a life
of love and joy
for his own child.

Testimony
of a pure
and open child.

ERFOLG

Du sollst Kinder haben
Warum?
Weil es lustig ist für die Kinder.

Die harmlose Antwort
war Musik
zu des Vates Ohren
der gewunscht hatte
als ien Kind
niemals ein Kind gewesen zu sein.

Er wusste
dass es ihm gehingen war
in transformienen seinen Schmerz
zu einen Leben
auf Liebe und Freude
für sein eigenes Kind.

Ein Zeugnis
für ein unschuldiges
und affenherziges Kind.

HE WAITED

The elderly man
   was sitting in the house
waiting for his wife
    to arrive.

He knew she would come,
   this was their home
exactly as they left it
    years ago.

The view outside
   was also just
as he remembered:
    familiar, secure.

I saw him there,
   in my dream
my grandfather,
    waiting after death.

I tried to tell him,
   "You can leave,
you don't have to sit
   here forever.

>

ER WARTET

Der ältliche Mann
sass in dem Haus
wartend auf seine Frau
anzukommen.

Er wussete dass sie zurückkommen, wird
dies war irh Heim
ganz genau wie es verlassen halten
vor vielen Jahren.

Der Blick nach aussen
war auch genau
wie er sich erinnerte:
wohlvertraut, sicher.

Ich sah in dort
in meinem Traum,
mein grossvater,
al ser wartete, nach dem Tod.

Ich versuchte ihm zu sagen,
"Du kannst fortgehen,
Du brauchst nicht zu sitzen
nieh für immer.

>

"Your possibilities
    are limitless –
go anywhere,
        do anything."

No, he would sit
    and wait for her:
Granma would know
        what to do.

She had not yet died
    so he waited
but did not mind
        he KNEW she would come.

When her time came
    they went out together
to tend the flowers
        with new-found wings.

"Deine Möglichkeiten
haben keine gnenze –
Gehe irgendwo hin,
mache irgendetwas."

Nein, er wird sitzen
und auf sie warten:
Oma würde wissen
was zu tun.

Sie war nach nicht gestorben
so wartete er
Aber machte sich nichts daraus:
Er WUSSTE sie würde kommen.

Als ihre Zeit kam
sind siebeide zusammen heraus gegangen
Die blumen zu pflegen
mit erneutem Schwung.

TRANSFORMATION

The Point of Utter Helplessness
　is a bewilderment
　or nonsense,
　to those of yet
　not reached it.
To the one who has arrived,
　that Point
　is a line divide:
　life before,
　and nothing after.
That Point erases
　one's self;
　all
　that you thought you were:
　is gone.
The Void of Helplessness
　swallows you,
　consumes
　all that you knew
　you were.
Questions come:
　What to do?
　Where to turn?
　What to learn?
　Who am I now?

>

VERWANDLUNG

Der Punkt von vollkommener Hilflosigkeit
  ist eine Verwirring
  order Unfug,
  Fuer die, die ihn
  noch nicht erfarhren haben.
Fuer den, der dort angekommen ist
  dieser Punkt
  ist die Linie, die trennt:
  Leben zuvor,
  und nichts danach.
Dieser Punkt erloescht
  das Selbst;
  alles
  das Du angenommen has von dir:
  ist verschwunden.
Die Leere der Hilflosigkeit
  verschlingt dich,
  verzehrt dich,
  alles was bewußt
  du warst.
Fragen tauchen auf:
  Was tun?
  Wohin sich wenden?
  Was zu Lernen?
  Wer bin ich jetzt?

>

Eventually
  a part of life
  can be rebuilt
  over wreckage
  and debris.
It is a different life
  because you are
  a different soul,
  who has been tested
  and transformed:
Now a new creation.

Mit der Zeit
  ein Teil des Lebens
  Kann wieder erbaut werden
  ueber den Truemmern
  und Ueberbleibsel.
Es ist ein anderes Leben,
  demm du bist
  eine andere Seele,
  die geprueft wurde
  und verwandelt:
Jetzt eine neue Schoepfung.

LONELY UNIVERSE

Pictures of other planets;
  show moons, rings and rocks...
    (it's lonely there)

Seeing crater-marked globes, barren,
  unearthly beauty, but...
    (no life or love).

The space between in vast,
  our efforts tiny, frail;
    the task to learn so great.

More precious now, our life on earth,
  (varied, diverse and plentiful)
    we cannot waste.

Were this one lost
  (whatever reason)
    there is no other.

Precious, precious;
  all life
    is our trust.

EINSAMES WELTALL

Bilder von anderen Planeten;
  zeigen Monde, Ringe und Steine...
    (es ist einsam dort).

Sehen kraterpockierte kugeln, unfruchtbar,
  ueberirdische Schönheit, aber...
    (kein Leben order Liebe).

Die Entfernung dazwischen ist ungeheuer,
  unsere Anstrengungen winzig, gebrechlich;
    die Aufgabe zu lernen so groß.

Mehr kostbar jetzt, unser Leben auf Erden,
  (mannigfaltig, verschieden und reichlich)
    wir müßen nicht werschwenden.

Würden wir dieses verlieren
  (aus irgendwelchen Gründen)
    es besteht kein anderes.

Kostbar, kostbar;
  allen Leben
    ist unser Gut.

SAY, "PEACE."

They say, "Peace,"
   with a club.
They say, "Peace,"
   with a sword.
They say, "Peace,"
   with a gun.
They say, "Peace,"
   with a bomb.
They say, "Peace,"
   with a missile.

And-there is no peace at-all.

When "Peace" is called
   with a pen
   will they listen?
"O Rulers of the Earth!
   Be reconciled among your selves..."
"O Representatives of the People,
   Take ye counsel together..."

Thus sayeth unto you
   the Pen of the Most High
"These fruitless strifes
   these ruinous wars
     shall pass away
     and the Most Great Peace
       shall come."

SAGE, "FRIEDEN."

Sie sagen, "Frieden,"
   mit einem Pruegel.
Sie sagen, "Frieden,"
   mit einem Schwert.
Sie sagen, "Frieden,"
   mit einem Gewehr.
Sie sagen, "Frieden,"
   mit einer Bombe.
Sie sagen, "Frieden,"
   mit einer Rakete.

Und-da-ist niergends Frieden;

Wenn "Frieden" ausgerufen wird
   mit der Feder,
   werden sie aufhören?
"O Herrscher der Erde!
   Seid vereinigt unter einander..."
O Vertreter der Menschen,
   beratet zusammen..."

So saget Euch,
   die Feder des Aller-Höchsten:
"Diese fruchtlosen Streite,
   diese ruinierende Kriege
   werden vergehen,
   und der Allergrößte Frieden
     wird Kommen."

STEADFASTNESS

Toward the building of a world
than no one knows
and cannot see,
not even you or me.

A world beyond our farthest dreams –
but dreams can clash
and so can we.

A world beyond description –
but still our goal and aim;
we falter on –

one step at a time
yet we tumble and spill
yet continue,
against all odds –

Toward the building of a world
that no one knows
and cannot see,
not even you, or me.

STANDHAFTIGKEIT

Dem Bauen einer Welt entgegen
die niemand kennt
und kann nicht sehen,
selbst nicht du oder ich.

Eine Welt über unsere fernsten Träume hinaus -
aber Träume können zusammenstoßen,
und so auch wir.

Eine Welt nicht beschreibbar –
aber jadoch unser Ziel und Richtung;
wir schwanken dahin –

ein Schritt nach dem andern
wir stolpern und fallen,
jodoch gehen weiter,
gegen alle Wahrscheinlichkeiten –

Dem Bauen einer Welt entgegen
die niemand kennt
und kann nicht sehen
selbst nicht du, oder ich.

IN THE DIM LIGHT

In the dim light we stand
  seeing no end
    but promise.
In the dim light we try
  to reach but find
    empty air.
In the dim we see imperfectly
  the way and means
    of love.
Dim down to nothing
  we sometimes fall
    but not all.
In the dim day faintly we
  can almost see
    a reason.
In the dime we try heroically
  to rise above
    the mire.
The dim light does not stop us
  but propels
    our hope.
Some days, hours or moments
  we succeed,
    if not...
It is our earnestness
  that saves
    us all.

IM GEDÄMPFTEN LICHT

Im schwachen Licht stehen wir
  sehen kein Ende
    aber Versprechen.
Im schwachen Licht versuchen wir
  zu zugreifen, aber finden
    leere Luft.
Im schwachen Licht sehen wir unvollständig
  den Weg und das Wesen
    der Liebe.
Gedämpft zu Nichts
  stürzen wir manchmal
    aber nicht ganz.
Am trüben Tag, zaghaft
  fast erkennen wir
    eine Tatsche.
Im Düstern versuchen wir heldenhaft
  zu überwinden
    den Schlamm.
Das schwache Licht hält uns nicht zurück
  jedoch treibt
    unsere Hoffnung.
Manche Tage, Stunden oder Momente
  sind wir erfolgreich,
    wenn nicht...
Ist es unsere Aufrichtigkeit
  die rettet
    uns alle.

WAITING FOR SPRING

The little pond
   in the meadow
covered half with ice
   is waiting
for the willow to bloom
   on its bank,
and the cattails
   to burst their seeds,
and frogs to crawl
   from their safe place
and sing the joy
   of Spring!
That day will come
   when hearts will melt
and faith will shine
   from every face
and Spring will glow
   in every heart.

AUF DEN FRÜHLING WARTEN

Der kleine Teich
auf der Wisse
halb überzogen mit Eis
warted
auf die Trauerweide zu blühen
an ihrem Damm,
und die Rohrkolbeb
zu bersten ihren Samen,
und die Frösche zu kriechen
von ihrem geschützten Platz
und singe Freude
auf den Frühling!
Dieser Tag wird kommen
wenn Herzen schmelzen warden
und Vertrauen scheinen wird
von jedem Gesicht
und Frühling wird glühen
in jedem Herz.

Endnoten
Endnotes

Einige Gedichte in dieser Sammlung haben neun Zeilen
oder neun Strophen. Dies bezieht sich auf die
Bedeutung der Zahl Neun im Namen von Bahá'u'lláh. In
der Abjad-Rechnung, in der Buchstaben des Alphabets
einen Zahlenwert erhalten, hat der Name "Baha" (das
Wort für Bahá'u'lláh) den Wert Neun.
Daher ist ein Gedicht mit neun Strophen oder neun
Zeilen oder ein Vielfaches von neun eine indirekte
Anspielung auf Bahá'u'lláh.

Many poems in this collection have nine lines or nine
stanzas. This is in reference to the significance of the
number nine in the name of Bahá'u'lláh. In the abjad
reckoning, where letters of the alphabet are assigned a
numerical value, the name "Baha" (the root word for
Bahá'u'lláh), has the value of nine. Therefore a poem
with nine stanzas, or nine lines or multiples of nine, is an
indirect allusion to Bahá'u'llah.

Familie Pflügen -

Das Wort "Maschinen" ist eine Bezeichnung, die vom
Großvater des Autors verwendet wird, um auf alle
landwirtschaftlichen Geräte zu verweisen, die zu groß
sind, um sie von Hand zu tragen - irgendeine Art von
Maschinen. Wenn es von Hand getragen werden konnte,
war es ein Werkzeug.

71

The word "machineries" is a term used by the author's grandfather to refer to all farm equipment too large to carry by hand - any kind of machinery. If it could be carried by hand it was a tool.

Sage, "Frieden." -

Zitate stammen aus Nachrichten von Bahá'u'lláh an bestimmte Könige und Regeln seiner Zeit

Quotes are from messages from Bahá'u'lláh to certain kings and rules of His time.

Bahá'í -

Einige dieser Gedichte sind inspiriert von Bahá'u'lláhs Worten, der Herrlichkeit Gottes.

Bahá'u'lláh schreibt: *„Jeder Prophet, den der allmächtige, unvergleichliche Schöpfer zu den Völkern der Erde zu senden beschloss, war mit einer Botschaft betraut und in einer Weise zu handeln beauftragt, wie sie den Erfordernissen des Zeitalters, in dem Er erschien, am besten entsprach."*

Als Sprachrohr Gottes haben die Religionsstifter durch ihr Auftreten und Leben einen unvergleichlichen Einfluss auf die Entwicklung des Einzelnen und der Menschheit ausgeübt. Zu allen Zeiten haben sie das Ziel verfolgt, zur geistig-spirituellen und materiellen Entwicklung der Menschheit beizutragen.

Jeder Gottesoffenbarer wirkt als Lichtgestalt für die
Welt. Ihr Auftreten ist mit dem Frühlingsbeginn
vergleichbar, der die Natur zu neuem Leben erweckt. In
der enschheitsentwicklung hat es immer wieder Zeiten
gegeben, in denen die Entwicklung erstarrte,
vergleichbar mit dem Winter in der Natur. Die
Religionsstifter wirkten wie die Frühlingssonne am
geistigen Horizont, deren Kraft weiteren
gesellschaftlichen und kulturellen Fortschrit t
ermöglichte.

Das Erscheinen der Gottesoffenbarer hat zu allen Zeiten
sichtbaren Fortschritt in der Welt ermöglicht. Ihre
Lehren
sprachen immer die grundlegenden Bedürfnisse und
Beweggründe der Menschen an und weckten im
Einzelnen, aber auch in ganzen Völkern Fähigkeiten, die
zur Weiterentwicklung der Gesellschaft in einem nie für
möglich gehaltenen Ausmaß beitrugen.

Die heute auf dem gesamten Planeten sichtbaren
gesellschaftlichen Veränderungen und Umbrüche weisen
darauf hin, dass die Welt aus den Fugen geraten ist und
wir uns inmitten eines Prozesses der Wandlung und
Neuordnung in Richtung einer weltumspannenden
Gemeinschaft befinden.

Die Gottesoffenbarer lassen sich mit Spiegeln
vergleichen, die das Licht der Sonne in einer für den
Menschen annehmbaren und verständlichen Form
widerspiegeln. Menschliches Verstehen und
Erfordernisse der Gesellschaft haben sich im Laufe der
Geschichte stetig weiterentwickelt. Daher gibt es in den

Religionen neben den ewigen Grundwahrheiten unterschiedliche soziale Lehren. Jede Religion, Bahá'í jetzt, bringt der Menschheit neue Impulse und fördert ihre weitere Entwicklung.

Some of these poems are inspired by the words of Bahá'u'lláh, the Glory of God.

Bahá'u'lláh writes: "Every Prophet Whom the Almighty and Peerless Creator hath purposed to send to the peoples of the earth hath been entrusted with a Message, and charged to act in a manner that would best meet the requirements of the age in which He appeared."

As the mouthpiece of God, the founders of religion have exerted an unrivaled influence on the development of the individual and humanity through their appearance and life. At all times they have pursued the goal of contributing to the spiritual and material development of humanity.

Every divine revelation acts as a form of light for the world. Their appearance is similar to the beginning of spring, which brings nature to life. In human development, there have always been times when development froze, comparable to winter in nature. The founders of religion acted like the spring sun on the spiritual horizon, whose power enabled further social and cultural progress.

The appearance of God's manifestation has caused visible progress in the world each time. Their teachings always addressed the basic needs and motivations of people, and aroused abilities in individuals, but also in entire peoples, which contributed to the advancement of society on an unprecedented scale.

The societal changes and upheavals visible today across the planet indicate that the world is falling apart. Bahá'ís see this as part of the process of transformation and reorganization which will eventually result in a global community.

The Divine Manifestations can be compared to mirrors that reflect the light of the sun in a form that is acceptable and understandable to humanity. Human understanding and needs of society have evolved steadily throughout history. Therefore, apart from the eternal basic truths, there are different social teachings in religions. Every religion (as Bahá'í does now) brings new impetus to humanity and promotes its further development.

Veröffentlichungsnachweise
Publishing Credits

- Destiny, *Hidden Roots* (Penhaligon Page, Llangollen, Wales) 1999.
- Family Plowing, *Potpourri*, 1991 and reprinted in *How to Use Potpourri in the Classroom,* 1993.
- Here And - , *Selected Trees*, (Topeka) 2003.
- Identity *Selected Trees*, (Topeka) 2003.
- In the Darkness Shines, *Fragrances of Grace*, (Buffalo Press, Topeka) 1996.
- Making Hay, *Kansas Vistas*, (Topeka) 2002.
- Prairie Hawk, *Kansas Vistas*, (Topeka) 2002.
- Say, "Peace." *Whispers Shouting Glory*, (Buffalo Press, Topeka) 1989.
- Steadfastness, *Voices from a Borrowed Garden*, (Louhelen Bahá'í School, Davison, MI) 1990.
- Summer Wetting, *Inscape,* vol 16, 1991.

Übersetzungskredite:
Translation credits:

Grasland Falk
Familie Pflügen
Familienmann
Heim nach Bayern
In Franken
Machen Heu
Mutter Sprache
Schicksal
Sommer naß machen
Verküpfungen
    translated by Elzabeth Sutter

Bestaendigkeit
Das Meer von Taten
Der Plastische Schlange ist tot
Einsames Weltall
Im Gedaempften Licht
Sage, "Frieden."
Schweine in einer Decke
Verwandlung
Vorlorene Kleine Schwester
    translated by Erika Witt

Kansas Nachtelied Goethe
Auf den Frühling Wartet
Das Familienhaus
Er Wartet
Erfolg
Heir Und –
Hochzeitstanz
Wandern Gehen
    translated by Linde Troutner

Index der Titel
Index of Titles

Index der ersten Zeilen
Index of First Lines

Gedichte übersetzt aus Prairies of Possibilities:
Poems translated from Prairies of Possibilities:

www.ingramcontent.com/pod-product-compliance
Lightning Source LLC
Chambersburg PA
CBHW031854170626
46807CB00004B/1722